BEI GRIN MACHT SICH IHR WISSEN BEZAHLT

AF168034

- Wir veröffentlichen Ihre Hausarbeit, Bachelor- und Masterarbeit

- Ihr eigenes eBook und Buch - weltweit in allen wichtigen Shops

- Verdienen Sie an jedem Verkauf

Jetzt bei www.GRIN.com hochladen und kostenlos publizieren

Persönlichkeitspsychologie. Der Zusammenhang zwischen Persönlichkeit und Gesundheit

Julia Henchen

Bibliografische Information der Deutschen Nationalbibliothek:

Die Deutsche Nationalbibliothek verzeichnet diese Publikation in der Deutschen Nationalbibliografie; detaillierte bibliografische Daten sind im Internet über http://dnb.d-nb.de abrufbar.

ISBN: 9783346520951
Dieses Buch ist auch als E-Book erhältlich.

Druck und Bindung: Books on Demand GmbH, Norderstedt Germany
Gedruckt auf säurefreiem Papier aus verantwortungsvollen Quellen

Das vorliegende Werk wurde sorgfältig erarbeitet. Dennoch übernehmen Autoren und Verlag für die Richtigkeit von Angaben, Hinweisen, Links und Ratschlägen sowie eventuelle Druckfehler keine Haftung.

Das Buch bei GRIN: https://www.grin.com/document/1142369

<u>Einsendeaufgabe</u>

Alternative B

Eingereicht am: 23.07.2019

SRH Fernhochschule Riedlingen

Modul: Persönlichkeitspsychologie

Studiengang: B. Sc. Psychologie

Von

Julia Henchen

Inhaltsverzeichnis

Abbildungsverzeichnis

Aufgabe B1

Persönlichkeit und Gesundheit

Zusammenhang und Abgrenzung

Der Mensch ist mit einer Vielzahl von unterschiedlichen Merkmalen ausgestattet und in seiner Individualität einzigartig. Persönlichkeit hat je nach theoretischer Zuordnung unterschiedliche Definitionen und muss im individuellen Lebenskontext betrachtet werden. Auch, wenn die Persönlichkeit in der Psychologie nicht einheitlich definiert ist, wird darunter die Summe aller Verhaltensmerkmale verstanden. Jens B. Asendorpf, Professor und Psychologe für Persönlichkeitspsychologie, definiert Persönlichkeit wie folgt:

„Unter der Persönlichkeit eines Menschen wird die Gesamtheit seiner Persönlichkeitseigenschaften verstanden: die individuellen Besonderheiten in der körperlichen Erscheinung und in Regelmäßigkeiten des Verhaltens und Erlebens" (Zit. n. Asendorpf, 2015, S. 2 in Staller & Kirschke, 2019, S. 3)

Da der Mensch ein individuelles, aber auch ein soziales Wesen ist, erklärt sich Persönlichkeit auch immer durch einen gegebenen Kontext. Der Psychologe Alexei Nikolajewitsch Leontjew war der Auffassung, dass Persönlichkeit auch durch den Austausch mit der Umwelt erzeugt wird. Die Fähigkeit zum Denken, Handeln und Fühlen entwickelt sich laut Leontjew durch die Bedingungen der Gesellschaft, wie beispielsweise der Geburtsort oder die Epoche, in der ein Mensch geboren wird. Dieser Kontext, mit seinem spezifischen Umfeld, wirkt sich auf den Lebenslauf eines Menschen aus, ebenso wie die Menschen, auf die jede Person im Laufe seines Lebens trifft (Staller & Kirschke, 2019, S. 3).

Persönlichkeitsmerkmale des Menschen werden in der Wissenschaft unterschieden in veränderbaren Merkmalen, *state* und weitgehend unveränderbaren Merkmalen, *trait*. Dabei werden unter *states* vorübergehende Zustände wie Angst gefasst und unter *traits* stabile Eigenschaften wie beispielsweise die Ängstlichkeit (Staller & Kirschke, 2019, S. 3):

1 State und Trait nach Staller und Kirschke

State	Genetisch veranlagte, weitgehend unveränderbare und
englisch: Zustand	kulturübergreifende Grundstruktur. Beschreiben ein
	sichtbares Verhalten, wie beispielsweise Ängstlichkeit.
Trait	Umweltbedingte veränderbare Merkmale beeinflusst
englisch: Charakterzug, Merkmal	von Sozialisation, Kultur und situativen Gegebenheiten.
	Beschreiben vorübergehenden Zustände wie die
	Angst.

Auch wenn Persönlichkeit veränderbar ist bleibt das Grundgerüst der Persönlichkeit eines Menschen stabil und ist mehr als ein dynamisches Konstrukt zu verstehen. Die Motive eines Menschen geben den Rahmen vor, indem ein Wandeln möglich ist (Staller und Kirschke, 2019, S.3).

Persönlichkeitsmerkmale und Krankheit

Die Frage nach dem Zusammenhang zwischen Persönlichkeit, Gesundheit und Krankheit stellt sich aus Gesundheitspsychologischer Sicht unter anderem bei der Rauchentwöhnung, bei Adipositas oder bei anderem gesundheitsgefährdenden Verhalten. Smith, Williams (1992), Suls und Ritterhouse (1995) haben im Zusammenhang von Persönlichkeit und Gesundheit vier verschiedene Modelle vorgeschlagen. Die verschiedenen Ansätze schließen sich nicht aus, sondern stehen im Kontext zueinander. Diese Ansätze wirken sich, je nach Person, Merkmal oder Situation, aufeinander aus (Becker, 2014, S. 25):

2 Zusammenhänge zwischen Persönlichkeit, Gesundheit und Krankheit nach Smith, Williams, Suls und Ritterhouse

	Konzept	Beispiel	Ergebnis
Ansatz 1	Persönlichkeit spielt in Bezug auf Krankheit und Gesundheit eine kausale Rolle. Es wird angenommen, dass Persönlichkeitseigenschaften in Zusammenhang mit einem höheren Risiko stehen, an einer psychischen Krankheit zu erleiden. Die gibt die Annahme	Stress und Emotionen stehen beispielsweise im Zusammenhang mit koronaren Herzkrankheiten.	Für psychosomatische Erkrankungen wie Asthma oder Magengeschwüre sind psychische Faktoren die Ursache.

	von zu Krankheit neigenden Persönlichkeiten.		
Ansatz 2	Persönlichkeitseigenschaften und Krankheitsverläufe sind auf den gleichen biologischen Prozess zurück zu führen.	Erbliche Vorbelastung für koronare Herzerkrankungen und Prädispositionen, die zur Feindseligkeit führen, sind auf das gleiche gen zurück zu führen.	Es wird davon ausgegangen, dass koronare Herzerkrankungen und Prädispositionen, die zur Feindseligkeit führen in Zusammenhang mit demselben gen stehen.
Ansatz 2	Verhaltensweisen beeinflussen den Zusammenhang zwischen Persönlichkeit und Krankheit. Verhaltensweisen haben einen Einfluss auf die Gesundheit und können das Erkrankungsrisiko erhöhen, wie beispielsweise Drogen, Alkohol, Rauchen oder schlechte Ernährung.	Beispielsweise die Verhaltensdisposition Sensation-Seeking, wobei physische und soziale Risiken zur Befriedigung von Bedürfnissen in Kauf genommen werden.	Persönlichkeitseigenschaften bestimmen die Verhaltensweisen.
Ansatz 4	Bei diesem Ansatz wird davon ausgegangen, dass vorausgegangen Krankheiten die Persönlichkeit verändern.	Krankheiten wie Morbus Parkinson verändern das Leben stark, sodass eine Person mit dieser Erkrankung aufgrund verschiedener Faktoren beispielsweise weniger außerhalb seiner Wohnung unternimmt, weniger soziale Kontakte pflegt und somit eine Veränderung der Persönlichkeit festzustellen ist.	Erkrankungen können zur Veränderung in der Persönlichkeit führen, beispielsweise kann eine Behandlung im Krankenhaus einen bedeutsamen psychologischen Effekt mit sich bringen.

Die verschiedenen Ansätze zeigen auch den Interpretationsraum sowie die Korrelation zwischen Gesundheit und Persönlichkeit auf (Becker, 2014, S. 25).

Gesundheit und Krankheit spielen aus gesellschaftlicher und individueller Sicht eine große und bedeutsame Rolle, eine einheitliche wissenschaftliche Definition gibt es jedoch nicht. Das Verständnis von oder für Gesundheit und Krankheit unterscheidet sich in unterschiedlichen Kontexten wie beispielweise in Historischer oder Kultureller Sicht. Aber auch gesellschaftliche Interessen und Ansichten tragen zu einem Gesundheits- bzw. Krankheitsverständnis bei (Wolf-Kühn & Morfeld, 2016, S. 13).

Auch wenn es keine einheitliche Definition der Begriffe gibt, können Krankheit und Gesundheit in drei Bezugssysteme nach Siegrist (2005) unterteilt werden (Wolf-Kühn & Morfeld, 2016, S. 12):

3 Bezugssysteme von Gesundheit und Krankheit nach Siegrist

Bezugssystem der Medizin	Gesundheit oder Krankheit als Abweichung von objektivierbaren Normen physiologischer Regulation und/ oder organischer Funktion	Abweichungen sind messbar und subjektiv in Form von Symptomen erfahrbar.	Klassifikation durch ICD und DSM.
Bezugssystem der betroffenen Person	Sich gesund oder krank fühlen	Subjektiv und nicht identisch mit der Medizin.	subjektiven Vorstellungen über Krankheit und Gesundheit in Abhängigkeit von Geschlecht, Lebensphase und sozialer Schicht
Bezugssystem der Gesellschaft	Gesundheit oder Krankheit unter dem Aspekt der Leistungsminderung oder Notwendigkeit, Hilfe zu gewähren (Krankschreibung, Versicherungsleistungen).	Gesundheit kann in unterschiedlichen Bildungssystemen eine andere Rolle einnehmen, wie beispielsweise Status in Form von Schönheit und Lebensenergie.	Subjektive Einstellungen und Konzepte können das bezogene Handeln auf die Gesundheit beeinflussen.

Theorien aus der gesundheitswissenschaftlichen Forschung sehen die Folge von Krankheit in einem Ungleichgewicht von Belastung und Ressource. Forschungsergebnisse aus den Bereichen der Medizinsoziologie, Gesundheitspsychologie, Sozialepidemiologie und der Gesundheitswissenschaft verdeutlichen die Annahme, dass Menschen dann gesund sind und dies auch bleiben, wenn sie gute Bewältigungsressourcen für ihre Belastungen entwickeln. Belastungen und Bewältigungsstrategien schaffen Menschen in ihren Lebenswelten, die je nach Kontext sehr unterschiedlich sein können. So können, je nach Status und die damit verbundenen Faktoren wie Beruf, sozialer Stand und Wohnsituation, diese ganz unterschiedlichen Belastungen oder Quellen von entwicklungsfördernden Faktoren sein. Belastungen wie Gewalt, Überforderung, Benachteiligung und Ausschluss aus Gruppen oder der Gesellschaft sind besonders erschwerend. Dem gegenüber stehen Faktoren wie Autonomie, Handlungsspielräume und Partizipation, die die Gesundheit schützen. Benachteiligte Statuspositionen begünstigen die Entwicklung eines risikohöheren Gesundheitsverhaltens und führen zu schlechten Chancen, eine Krankheit zu bewältigen (Wolf-Kühn & Morfeld, 2016, S. 16).

Folgende Übersicht nach Faltermaier soll abschließend die Wirkmechanismen von Persönlichkeitsmerkmalen in der Krankheitsätiologie aufzeigen, die als Faktoren für Krankheit und Persönlichkeit genannt werden können (Faltermaier, 2005, S. 119):

4 Persönlichkeitsmerkmale und Krankheitsätiologie nach Faltermaier

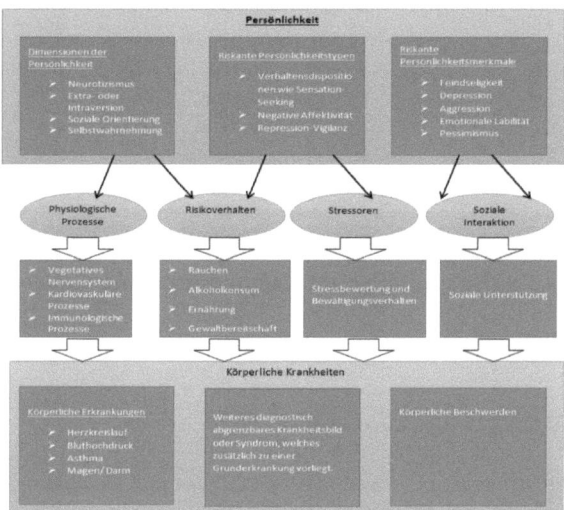

Gesundheitsrelevanter Persönlichkeitsmerkmale

In der Forschung gibt es zwei wichtige Faktoren, die unter dem Aspekt von gesundheitsrelevanten Persönlichkeitsmerkmalen eine wichtige Rolle spielen. So wurde in den letzten Jahren in der psychosomatischen Forschung vor allem untersucht, welche Persönlichkeitsmerkmale die Entstehung von Krankheit begünstigen. In der Stressforschung wird zu gesundheitsfördernden Faktoren geforscht, die unter Schutzfaktoren benannt sind. Da sich diese Merkmale förderlich, aber auch gefährdend für die Gesundheit sein können, werden sie als Schutz,- beziehungsweise Risikofaktoren beschrieben. Positive aber auch negative Einflussfaktoren auf die Gesundheit durch Persönlichkeitsmerkmale gibt es eine Menge. Diese lassen sich in zwei Hauptgruppen unterteilen. Die erste Gruppe ist gekennzeichnet durch kognitive Merkmale wie Einschätzungen und Überzeugungen.

Die zweite Gruppe umfasst affektive Merkmale, wie das Erleben und das Regulieren von Emotionen. Diese Schutzfaktoren lassen sich wie folgt kategorisieren (Vollmann & Weber, 2011, S.396):

5 Schutz und Risikofaktoren nach Vollmann und Weber

Gesundheitsrelevante kognitive Merkmale	Gesundheitsrelevante affektive Merkmale
Schutz und Risikofaktoren	*Schutz und Risikofaktoren*
➤ Optimismus	➤ Emotionsregulation
➤ Pessimismus	➤ Feindseligkeit (Ärger)
➤ Kontrollüberzeugungen	➤ Neurotizismus
➤ Selbstwirksamkeitserwartung	➤ Negative Affektivität
➤ Kohärenzsinn	➤ Positive Affektivität
➤ Feindseligkeit (Zynismus)	➤ Verhaltensmuster Typ A-D

Im nachfolgenden werden die gesundheitsrelevanten kognitiven Merkmale *Kohärenzsinn* und *Optimismus* als Beispiel für Schutzfaktoren beschrieben.

Kohärenzsinn

Ein Kohärenzsinn entwickelt sich meist bis zum Erwachsenenalter und versteht sich als tiefes Gefühl des Vertrauens. Der Soziologe Aaron Antonovsky (1987), Vorreiter der salutogenetischen Perspektive in den Gesundheitswissenschaften, entwickelte hierzu sein Modell der Salutogenese. Er geht davon aus, dass individuelle Widerstandsfähigkeiten dabei helfen, Belastungen zu meistern, ohne dabei negative Auswirkungen auf die Gesundheit davonzutragen. Die Kohärenz kann dabei in drei Faktoren unterteilt werden (Becker, 2014, S. 41):

6 Komponenten des Kohärenzgefühl nach Antonovsky

Komponenten des Kohärenzsinn	
Gefühl der Verstehbarkeit	Beschreibt das Gefühl, die eigene Lebenswelt kognitiv klar, verstehbar und strukturiert zu erleben.
Gefühl der Bewältigbarkeit der Anforderungen.	Optimismus die eigenen Ressourcen bei Bedarf zu aktivieren und die Anforderungen des Lebens bewältigen zu können.
Gefühl der Sinnhaftigkeit	Grundgefühl dafür, dass das eigene Leben sinnvoll ist und es wert ist dafür Energie aufzubringen.

10

Umstritten ist, ob Kohärenz als eine Persönlichkeitseigenschaft oder eine Einstellung gegenüber dem Leben zu verstehen ist. Konzipiert ist sie jedoch als relativ überdauerndes Merkmal, um mit beschwerenden Situationen gut umgehen zu können. Ein hohes Maß bewirkt die erfolgreiche Bewältigung von Stressoren und ist so zu einem positiven Gesundheitsstand zurückzuführen. Sie ist somit weder eine allgemeine Ressource noch eine Copingstrategie. Antovosky sieht den Einfluss des Kohärenzgefühls nicht direkt auf dem gesundheitsverhalten einer Person, sondern auf dem Einfluss von Stressoren und deren Bewältigungsstrategien. Menschen mit einem hohen Kohärenzgefühl reagieren angemessen auf Stressoren und neigen nicht zu Risikoverhalten wie beispielsweise Alkohol oder Drogen (Becker, 2014, S. 40-41).

Antovosky beschreibt Krankheit und Gesundheit als Fluss, als Pole, die sich bedingen. Er hat die Annahme, dass Menschen im Leben ständig auf Reize reagieren müssen, die Spannung erzeugen und zu dieser Bewältigung müssen Ressourcen aktiviert werden. Er beschreibt dafür 5 Bewertungsphasen, die durch das Kohärenzgefühl beeinflusst werden (Struhs-Wehr, 2017, S. 10):

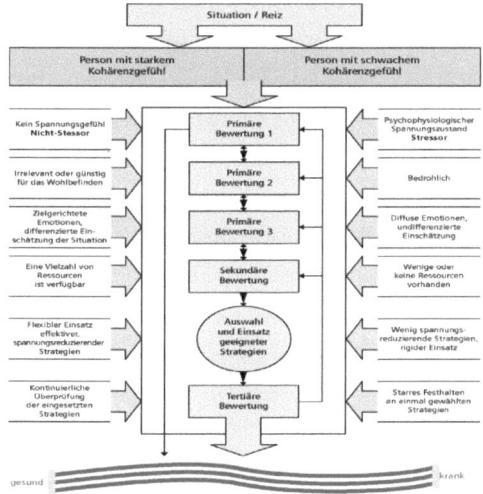

1 Zusammenhang von Kohärenzgefühl und Stressverarbeitung nach Antonovsky modifiziert von Franke in Struhs-Wehr

Optimismus

Schreier und Carver definierten 1985 den Begriff dispositionaler Optimismus als eine generalisierte, positive Ergebniserwartung, die ein Individuum hat. Egal ob Glück, Zufall oder aus der eigener Anstrengung: ein optimistischer Mensch geht davon aus, dass sich das Leben jederzeit zum Guten wenden kann. Negative Erwartungen bezüglich zukünftiger Ereignisse charakterisieren Pessimismus. Menschen die nun optimistisch auf neue Herausforderungen reagieren und diese angehen, versuchen auch diese zu bewältigen. Sie entscheiden sich bewusst und aktiv für eine positive Bewältigungsstrategie und gehen die Aufgabe gezielt an. Pessimistische Menschen hingegen lassen sich schnell ablenken, neigen dazu aufzugeben und gehen den aufkommenden Problemen aus dem Weg. Diese Verhaltensweisen lassen sich auch bei Menschen in Krankheitsphasen beobachten. Vor allem in stresshaften Situationen konnte aber eine positive Wirkung bei optimistischen Menschen auf das Wohlbefinden und die psychische Gesundheit aufgezeigt werden. Auch für die Lebenszufriedenheit, das Selbstwertgefühl und positive Emotionen ist Optimismus mitverantwortlich. So sind Optimisten weniger mit Ängsten und Depressionen konfrontiert. Außerdem haben optimistische Menschen eine bessere körperliche Funktionstüchtigkeit. Bei chronischen Erkrankungen oder nach einer Operation kann eine schnellere Genesung einsetzen. Ebenso können Optimisten schwierige Lebensereignisse besser verarbeiten. Diese Faktoren hängen vor allem mit einem situationsangemessenem Bewältigungsverhalten, wahrgenommenen sozialen Unterstützungen und einem erhöhtem Gesundheitsverhalten beziehungsweise einem niedrigerem Risikoverhalten zusammen (Vollmann & Weber, 2011, S. 397) .

Anwendungsbeispiel für betriebliches Gesundheitsmanagement

Die Gründe für den bedeutsamen Zuwachs von betrieblichen Gesundheitskonzepten sind vielseitig. Hauptgründe sind zum einen ein stetiger Wandel innerhalb von Unternehmen und die daraus resultierenden Veränderungen von Arbeitsplatz und Arbeitsbedingungen. Beispiele hierfür ist das etablierende Modell des Home-Office und einer dauer-Erreichbarkeit der Mitarbeiter. Weitere Gründe hierfür sind neue Beschäftigungsmodelle wie das Teilzeitmodell. Hinzu kommt die Zunahme von

Informationen, die gesamte Globalisierung und eine Unsicherheit, die in modernen Berufszweigen vorherrscht. Folgen können psychische und emotionale Belastung sein, welche wiederum die Leistungsfähigkeit und die Gesundheit der Mitarbeiter beeinflusst. Aus diesen Gründen werden betriebliche Gesundheitsmanagements eingeführt, um den Faktoren entgegenzuwirken. Ziel ist die Motivation der Mitarbeiter und das Reduzieren von Krankheit und der Fehlzeiten. Aber auch um die Wettbewerbs- und Konkurrenzfähigkeit eines Unternehmens zu gewährleisten bekommt das betriebliche Gesundheitsmanagement eine immer größere Bedeutung (Latocha, 2015, S. 21-22).

Die Wichtigkeit eines betrieblichen Gesundheitsmanagements wird bei den Zahlen zum Einfluss der Krankheitsarten auf die Arbeitsunfähigkeit deutlich. Im Jahr 2014 waren 16,6% der Arbeitsausfälle auf psychische Erkrankungen zurück zu führen, so die Zahlen der DAK. Die Zahlen der vorigen Jahre zeigen einen Anstieg von psychischen Erkrankungen im Zusammenhang mit Arbeitsausfällen. So waren es im Jahr 2008 nur 9% der Ausfälle und im Jahr 2000 nur 5,3% (Struhs-Wehr, 2017, S. 5).

Anmerkung der Redaktion: Diese Abbildung wurde aus urheberrechtlichen Grüden entfernt.

2 Einfluss der Krankheitsarten auf die Arbeitsunfähigkeit nach Struhs-Wehr

Es gibt viele verschiedene Modelle zum betrieblichen Gesundheitsmanagement, nachfolgend wird das Konsistenzmodell von Grawe vorgestellt. In diesem Modell werden die vier Grundbedürfnisse, deren Befriedigung im Alltag eine wesentliche Rolle für psychische Gesundheit zugeschrieben wird, beschrieben. Dieses Modell stellt die Ressourcenförderung dar und wird nachfolgend mit Hinblick auf die Relevanz für die betriebliche Gesundheitsförderung dargestellt (Struhs-Wehr, 2017, S. 16):

Die 4 Grundbedürfnisse	Inhalt	Wichtig für betriebliches Gesundheitsmanagement
Bindungsbedürfnis	• Der Mensch = ein soziales Wesen. • Tiefes Bedürfnis nach sozialen Kontakten und Zugehörigkeit. • Diese Zugehörigkeit sichert das Überleben, durch den Schutz der Gruppe. • Geprägt durch die Bezugsperson, welche das spätere Bindungsverhalten und vertrauen maßgeblich beeinflusst. • Durch Mobbing und Ausgrenzung wird Stress ausgelöst, wie Wut oder Traurigkeit. • Kann dauerhaft zu psychischer Erkrankung führen.	Organisationspsychologische Konzepte nutzen das Bindungsbedürfnis des Menschen in Gruppen und Zugehörigkeit und fördern Fairness innerhalb des Arbeitsumfeldes.
Bedürfnis nach Orientierung und Kontrolle	• Bedürfnis nach Autonomie. • Menschen haben das Bedürfnis ihr Leben und die Umgebung durch ihr Verhalten und ihr Handeln, beeinflussen zu können. • Frühe positive Kindheitserfahrungen führen zur Erfüllung des Kontrollbedürfnisses und die personale Ressourcen Selbstwirksamkeitserwartung und Internale Kontrollüberzeugung werden geschaffen.	Durch den Führungsstil eines Unternehmens wird das Bedürfnis nach Kontrolle zum Beispiel dann erfüllt, wenn das Unternehmen und die Führung ihren Mitarbeitern gegenüber zuverlässig und Vorhersehbar ist sowie eine Transparenz für die Mitarbeiter aufzeigt. Die Arbeitsgestaltung stellt dann Handlungsspielraum zur Verfügung.
Bedürfnisse nach Selbstwerterhöhung und Selbstwertschutz	• Wesentliches menschliches Bedürfnis. • Der Selbstwert entsteht durch Beziehungserfahrung, wodurch ein Mensch das Gefühl wertvoll zu sein, entwickelt. • Negative Erfahrungen können das Selbstwertgefühl verletzen.	Studien zeigen, dass kränkendes verhalten von Vorgesetzten gegenüber Mitarbeitern noch jahrelang in Erinnerung bleibt. Da das Limbische System und das Großhirn aktiviert werden, wird eine Stressreaktion ausgelöst. Gefühle wir Wut, Empörung, Kränkung, Traurigkeit und Rückzug gehen damit einher.
Bedürfnis nach Lustgewinn und Unlustverminderung	• Das strebende Bedürfnis angenehmes zu erleben und unangenehme Zustände zu vermeiden. • Der Mensch nimmt Erfahrungen in seiner Umwelt als angehendem oder unangenehm wahr. • Neue Erfahrungen oder Reize werden dann aufgrund der früheren Erfahrung nach „gut" oder „schlecht" kategorisiert.	Angenehmes Arbeitsverhältnis schaffen, gute Erfahrungen fokussieren.

3 Die 4 Grundbedürfnisse und die Wichtigkeit für ein betriebliches Gesundheitsmanagement nach Struhs-Wehr

Bei betrieblichen Gesundheitsmanagements macht es also durchaus Sinn alle Maßnahmen in Übereinstimmung mit den Grundbedürfnissen zu bringen, um Mitarbeiterfreundliche und Unternehmensstarke Konzepte zu entwickeln, die zum Erfolg führen. Es ermöglicht auch einen Blick auf wichtige Einflussfaktoren der Gesundheit. Im Arbeitsleben ist es wichtig, den Fokus auf diese Grundbedürfnisse zu richten, um Motivation und Leistung im Berufsalltag zu gewährleisten. Dadurch können Arbeitszufriedenheit und das Wohlbefinden erhöht und gesteigert und die beschriebenen Gesundheitsressourcen aufgebaut und gestärkt werden (Struhs-Wehr, 2017, S. 17).

Abschließend lässt sich festhalten, dass betriebliche Gesundheitsmanagements, die ganzheitliche betriebliche Gesundheitsförderung und Arbeitsschutz fokussieren, eine sehr gute präventive Maßnahme aufbauen, um Belastung vorzubeugen und Krankheit zu vermeiden. Folgende Übersicht verdeutlich dies anhand der Grafik nach Ulrich und Wüsler (Struhs-Wehr, 2017, S. 18):

	Betrieblicher Arbeitsschutz	Betriebliche Gesundheitsförderung
Betrachtung des Menschen als ...	schutzbedürftiges Wesen - Defizitmodell - schwächenorientiert - pathogenetisches Grundverständnis	autonom handelndes Subjekt - Potenzialmodell - stärkenorientiert - salutogenetisches Grundverständnis
Aufgaben/Ziele verhältnisorientiert	Vermeiden bzw. Beseitigen gesundheitsgefährdender Arbeitsbedingungen und Belastungen - Schutzperspektive - Belastungsorientiert	Schaffen bzw. Erhalten gesundheitsförderlicher Arbeitsbedingungen und Kompetenzen - Entwicklungsperspektive ressourcenorientiert
Aufgaben/Ziele verhaltensorientiert	Erkennen und adäquates Handeln in gefährlichen Situationen - Wahrnehmen von Gefahren	Erkennen und Nutzen von Handlungs- und Gestaltungsspielräumen - Wahrnehmung von Chancen

4 Idealtypisches, ganzheitliches Gesundheitsmanagements nach Ulrich und Wüsler in Struhs-Wehr

Aufgabe B2

Selbstwirksamkeit

Selbstwirksamkeit wird in der psychologischen Forschung von Schwarzer und Jerusalem (2002) definiert als die subjektive Gewissheit eines Menschen, aufgrund seiner Kompetenzen neue und schwierige Anforderungen zu überwinden. Entstanden ist die sozial-kognitive Theorie durch den Psychologen Alber Bandura (1997) und beschreibt somit das Selbstwirksamkeitskonzept, welchem zufolge die Motivation eines Menschen durch seine Überzeugungen gesteuert wird (Barysch, 2016, S. 202).

Durch andere Personen kann die eigene Selbstwirksamkeit positiv oder negativ beeinflusst werden und im Extremfall wird von einer selbst erfüllenden Prophezeiung, auch Pygmalion-Effekt genannt, gesprochen. Durch Prozesse der Erwartungsbestätigung werden Verhaltensstile internalisiert und die Selbstwahrnehmung wird beeinflusst. Zukünftige Handlungen erlangen dadurch eine neue Bedeutung (Barysch, 2016, S. 202).

Bandura definiert Selbstwirksamkeit wie folgt:

„It is concerned not with the skills one has but with the judgements of what one can do with whatever skills one possesses".

Selbstwirksamkeit bezeichnet das Bewusstsein über die eigenen Fähigkeiten und Fähigkeit diese neben der Planung auch durchzuführen. Nach Bandura ist die Selbstwirksamkeit eine wichtige Grundlage um zu handeln. Die Selbstwirksamkeit beeinflusst beispielsweise inwieweit sich Menschen bemühen, wie Resilienz sie sind und ob sie sich schnell aufgeben oder weitermachen. Sie ist somit ein zentraler Punkt der menschlichen Handlungsregulation (Barysch, 2016, S. 202).

Bierhoff (2006) sieht außerdem einen Zusammenhang zwischen einer hohen Selbstwirksamkeitserwartung und dem eigenen Optimismus, welcher Ausdruck positiven Denkens ist (Barysch, 2016, S. 202).

In Unternehmen hat die Selbstwirksamkeit eine hohe Bedeutung, da positive oder negative Auswirkungen auf den Erfolg eines Projektes oder auf die Zusammenarbeit der Mitarbeiter entstehen können. Verhaltensweisen, die aus einer Selbstwirksamkeit entstehen, beeinflussen die Leistungen der Mitarbeiter. Mitarbeiter mit einer hohen Selbstwirksamkeit wählen beispielsweise anspruchsvolle, aber realistische Ziele. Im Gegensatz dazu steht die Auswahl von zu leichten oder nicht umsetzbaren Zielen. Letztendlich führt Selbstwirksamkeit zu einer hohen Ausdauer bei der Verfolgung von Zielen (Becker, 2019, S. 177).

Quellen der Selbstwirksamkeit

Bandura nennt sein Konzept der Selbstwirksamkeit auch das Konzept der Selbstwirksamkeitserwartung. Damit meint er die Erwartung einer Person an sich selbst, die aufgrund der eigenen Kompetenzen Handlungen eigenständig ausführt. Bandura nennt dabei fünf verschiedene Quellen, denen Selbstwirksamkeitserwartung entspringt und im Folgenden erläutert werden (Fuchs, 2005, S. 27 ff):

1. Eigene Erfolgserlebnisse
2. Lernen am Modell
3. Verbale Überzeugung
4. Physiologische und emotionale Erregung
5. Wissen über Wirksamkeit

Eigene Erfolgserlebnisse

Die einflussreichste Quelle der Selbstwirksamkeit ist laut Bandura die persönliche Erfolgserfahrung, die ein Mensch macht. Diese liefert authentische Beweise für die Kompetenzen und fördert somit den Glauben an die eigene Selbstwirksamkeit. Die Erinnerung an Schwierigkeiten sind laut Bandura daher wichtige Regulatoren, um sich daran zu erinnern, dass Erfolge nur durch Anstrengung erreicht werden. Erfolge bilden somit die Grundlage für einen starken Glauben an persönlichen Wirksamkeit. Überwindung von Hindernissen fördert außerdem die Resilienz (Fuchs, 2005, S. 27 ff).

Lernen am Modell

Ein weiterer Weg Selbstwirksamkeit zu erlangen sind indirekte Erfahrungen, also Lernen am Modell durch Erfahrungen anhand von sozialen Vorbildern. Diese Beobachtung stärkt den Glauben an sich und das eigenen Können. Je größer dabei die wahrgenommene Ähnlichkeit mit dem Modell, desto größer der Effekt des Glaubens an die eigene Selbstwirksamkeit. Aus heutiger Sicht können Sportler des öffentlichen Lebens genannt werden, an die sich junge Menschen orientieren und sich dadurch gleiche Ziele setzten, beispielsweise gemessen am Fitnesslevel. Menschen suchen sich dabei Vorbilder die Fähigkeiten besitzen, die sie sich selbst für sich wünschen. Sich dabei bessere Methoden anzueignen erhöht dabei die Selbstwirksamkeit enorm. Ein Scheitern des Gewählten Vorbildes kann sich dabei ebenso negativ als positiv auf die Selbstwirksamkeitserwartung einer Person auswirken (Fuchs, 2005, S. 27 ff).

Verbale Überzeugung

Eine weitere Quelle zur Steigerung der eigenen Selbstwirksamkeitserwartung ist die verbale Unterstützung durch das soziale Umfeld. Motivierende Sätze wie „Das kannst du schaffen" oder „Ich glaube an dich" bestärkt Menschen darin, die benötigten Fähigkeiten zur Bewältigung der Aufgabe zu besitzen. Menschen, die sich durch verbale Überzeugung motivieren lassen und ein sozialen Umfeld haben, was sie unterstützt, haben weniger Selbstzweifel und halten an weniger persönlichen Defiziten fest. Positives Feedback zeigt sich Beispiel als eine gute Quelle in Unternehmung die Selbstwirksamkeit der Mitarbeiter zu bestärken und zu fördern (Fuchs, 2005, S. 27 ff).

Physiologische und emotionale Erregung

Die vorletzte Quelle der Selbstwirksamkeitserwartung beschreibt Bandura als emotionale Zustände, die die Selbstwirksamkeit beeinflussen können. Beispielsweise Stress oder Freude kann in Form von Anspannung oder Gelöst sein als physiologische Reaktionen auftreten und ein Zeichen einer verminderten Leistungsfähigkeit in Erscheinung treten. Beispielsweise kann Nervosität bei anderen Personen falsch gedeutet werden und die Selbstwirksamkeitserfahrung für die nervöse Person kann somit in bestimmten Situationen negativ ausfallen. Daher empfiehlt es sich Bewältigungsstrategien zu erarbeiten, um die Ruhe zu bewahren, wie zum Beispiel Entspannungs- oder Atemübungen (Fuchs, 2005, S. 27 ff).

Wissen über Wirksamkeit

Die letzte Quelle der Selbstwirksamkeit ist für Bandura das Wissen über die Wirksamkeit und die Integration relevanter Informationen. Menschen selektieren die bisher genannten Quellen und gewichten diese, was den Prozess der Informationsverarbeitung sehr komplex werden lässt. Die Fähigkeit zur Selbsteinschätzung spielt daher eine zentrale Rolle, beispielsweise beim Lernaufwand und der erbachten Leistung. Inwieweit stehen Selbsteinschätzung und Ergebnis im Verhältnis zur erbachten Leistung? Fehleinschätzungen erfordern zum Beispiel Änderungen bei der Auswahl von kognitiven Verarbeitungen von Informationen. Selbstwirksamkeitserwartung ist laut Bandura daher ein komplexer Prozess der Selbstüberzeugung und ergibt sich aus den fünf verschiedenen Quellen, um Selbstwirksamkeit zu erlangen (Fuchs, 2005, S. 27 ff).

Anwendungsbeispiel Selbstwirksamkeitserwartungen mit Hinblick auf die Bachelor Thesis

Bereits zahlreiche empirische Studien belegen die verschiedene positiven Auswirkungen auf innere und äußere Veränderungen aufgrund der Erhöhung der Selbstwirksamkeit eines Menschen (Barysch, 2016, S. 202) und den Einfluss der Selbstwirksamkeit auf Ausdauer und Anstrengung bei der Bewältigung einer Aufgabe. Personen mit niedrig ausgeprägter Selbstwirksamkeit geben beispielsweise schneller bei Misserfolgen auf oder stecken ihre Ziele niedriger (Aronson, 2008 in Barysch, 2016, S. 206). Schon die Definition von Jerusalem und Schwarzer zeigt, welche Rolle die Selbstwirksamkeit bei der Erstellung einer Bachelorthesis innehat. So heißt es, dass die Selbstwirksamkeit als die „subjektive Gewissheit einer Person, neue oder schwierige Anforderungssituationen aufgrund eigener Kompetenzen bewältigen zu können" (zit. n. Jerusalem und Schwarzer, 2002 in Barysch, 2016, S. 202) definiert wird. Damit im Zusammenhang stehen Aufgaben, die nicht durch einfache Routine zu bewältigen sind und ein gewisses Maß an Anstrengung und Ausdauern benötigen. Dabei beeinflusst die Ausprägung der Selbstwirksamkeit die Handlungsstrategien und Handlungsauswahl (Barysch, 2016, S. 202).

Selbstwirksamkeit ist im Rahmen von Leistungsfähigkeit in weiteren Studien untersucht und die Bedeutung von Selbstwirksamkeit in Bezug auf schulische und akademische Leistungen belegt worden (Bandur, 1986 in Jonas und Brömer, 2002, in Barysch, 2016, S. 206).

Die Forschung zeigt also, dass die Selbstwirksamkeit bei schulischen und akademischen Leistungen eine zentrale Rolle spielt. Die Quellen der Selbstwirksamkeit sowie die Selbstwirksamkeitserwartung hat dabei ebenso eine wichtige Rolle wie der Fragebogen zur Selbstwirksamkeit nach Parker. Dieser wurde entwickelt um Selbstwirksamkeit, unter anderem bei Studenten und Schülern, zu erfassen. Zur Erfassung von Selbstwirksamkeitserwartungen im Schulkontext ist beispielsweise die Skala von Jerusalem und Satow ein Instrument, welches genutzt werden kann. Es wird deutlich, dass Konzepte der Selbstwirksamkeit ein hohes Potenzial besitzen für zukünftige Studien (Barysch, 2016, S. 209).

Aufgabe B3

Stress

Im Alltag wir der Stress oft als etwas Unspezifisches genutzt, um beispielsweise Überforderung auszudrücken. Verstanden wird Stress als ein Zustand der inneren und äußeren Bedrohung, welche auf das Wohlbefinden als Gefährdung des Organismus wahrgenommen wird (Reif et al., 2018, S. 6). Der Begriff stammt ursprünglich von dem lateinischen Wort *strictus* ab, was gleichbedeutend mit den deutschen Wörtern stramm, eng und straff zu verstehen ist. Im englischen bedeutet das Wort *stress* so viel wie Druck, Kraft oder Anspannung. Die Bedeutung des Wortes hat umgangssprachlich negative Auswirkungen auf viele Menschen und ist ein ewiger Wegbegleiter, ob nun im negativen oder positiven Sinne (Rusch, 2019, S. 5).

Schaper definiert 2014 den Begriff Stress wie folgt:

„Stress ist ein subjektiver, intensiver, unangenehmer Spannungszustand, der aus der Befürchtung entsteht, dass eine stark aversive, subjektiv zeitlich nahe (oder bereits eingetretene), subjektiv lang andauernde Situation sehr wahrscheinlich nicht

vollständig kontrollierbar ist, deren Vermeidung aber subjektiv wichtig erscheint." (zit. n. Schaper, 2014, S. 519 in Reif et al, 2018, S.6).

Da der Körper anhaltend auf Stressoren reagiert, empfängt das Gehirn permanent Reize, die biochemische Prozesse auslösen und den Körper in Alarmbereitschaft versetzen. Daraufhin findet ein komplexes Zusammenspiel im vegetativen und zentralen Nervensystem statt und das Ausschütten von Hormonen beginnt. Jedem Mensch stehen unterschiedliche Ressourcen zur Verfügung, was zur Folge hat, dass Stress bei jedem Menschen individuell wahrgenommen wird. Das bedeutet auch, dass Stressempfinden etwas Subjektives ist (Rusch, 2019, S. 6).

Transaktionales Stressmodell nach Lazarus und Folkman

Frühere Theorien konzentrierten sich bei der Stressursache auf Reize und Situationen. Aus heutiger Sicht wird Stress als subjektiv beschrieben und ist im Personen-Umwelt Bezug verankert. Diese neuen Überlegungen zu Stressmodellen griffen 1984 Lazarus und Folkman auf und beschreiben das kognitiv-transaktionelle Stressmodell. Nach der Stresstheorie von Lazarus und Folkman ist Stress die subjektive Bewertung und der komplexe Wechselwirkungsprozess zwischen den Anforderungen von Person und Umwelt. Lazarus und Folkman beschreiben ihre Theorie wie folgt (Lazarus und Folkman, 1984, S. 19 ff):

„Psychological stress is a particular relationship between the person and the environment that is appraised by the person as taxing or exceeding his or her resources and endangering his or her well-beeing" (zit. n. Lazarus und Folkman, 1994, S. 19).

Bereits im Jahr 1974 veröffentlichte Lazarus ein Stressmodell, wobei Lazarus für Stressreaktionen nicht die objektiven Reize verantwortlich machte, sondern deren subjektive Bewertung durch die betroffene Person. Dies stuft Lazarus als sehr individuell ein, was bedeutet, dass Stress von jeder Person anderes, subjektiv wahrgenommen wird. Was für den einen Stress bedeutet, kann für eine andere Person vollkommene Entspannung bedeuten. Das Modell von Lazarus und Folkman ist daher transaktional, da ein Bewertungsprozess zwischen Reiz und Reaktion zwischengeschalten wird und sehr stark von individuellen Bewertungen abhängt, welche sich in drei Prozessen vollzieht (Rusch, 2019, S. 66ff):

1. Primäre Bewertung
2. Sekundäre Bewertung
3. Tertiäre Bewertung (Neubewertung)

Die primäre Bewertung unterscheidet zunächst in irrelevant und positiv, wonach nach dieser Bewertung auch keine Stressreaktion ausgelöst wird. Bei Stressauslösenden Reizen wird geprüft, ob es sich um eine Bedrohung oder eine Herausforderung handelt. Außerdem wird geprüft, ob es sich um eine Schädigung für die eigene Person oder andere Personen oder um einen Verlust handelt. Die Überprüfung wird durch negative Emotionen begleitet (ebd).

Die sekundäre Bewertung prüft die eigene Einschätzung der Bewältigungsfähigkeiten, aber auch die Möglichkeiten. Dabei spielt die vorangegangen beschriebene Selbstwirksamkeit eine zentrale Rolle, da das Vertrauen in die eigne Fähigkeit geprüft wird. Die beabsichtige Bewältigung der Situation wird durch die Bearbeitung oder durch die Veränderung der Wahrnehmung der Situation geprüft. Zum einen handelt es sich um problemorientiertes Coping, zum anderen um emotionsbezogenes Coping (ebd).

Die aus primärer und sekundärer Bewertung entstehende Denk- und Handlungsstrategie, also die resultierende Coping-Strategie, ist die tertiäre Bewertung. Im Verlauf des Prozesses entspricht dies einer Neubewertung (ebd).

Bewältigungskompetenzen einer Person sind stark von den persönlichen und sozialen Ressourcen geprägt. Primäre und sekundäre Bewertungen können gleichzeitig oder in verkehrter Reihenfolge ablaufen, woraus sich ganz individuelle Reaktionen ergeben. Für Lazarus und Folkman spielten neben dem transaktionalen Stressmodell die Bewältigung (Coping) eine zentrale Rolle, die in drei Copingstrategien unterteilt werden und im nächsten Abschnitt genauere Beachtung bekommen (Rusch, 2019, S. 67):

1. Problemorientiertes Coping,
2. Emotionsorientiertes Coping,
3. Bewertungsorientiertes Coping.

Coping

Für Coping gibt es viele verschiedene Klassifikationen, jedoch finden sich zwei Grunddimensionen immer wieder in der Literatur. Zum einen das Problemorientierte Coping und das Emotionsorientierte Coping, welche nun genauer beschrieben werden (Semmer und Zapf, 2018, S. 25):

Problembezogenes Coping

Das Problemorientierte Coping zielt darauf ab, den Stressor direkt zu verändern oder die Situation zu lösen. Die Art des Copings kann auf zwei Arten umgesetzt werden. Aktiv oder passiv. Aktiv kann zum Beispiel bedeuten, dass durch aktives Problemlösen eine Art des Copings passiert, indem sich die Person soziale Unterstützung sucht. Passives Coping wäre beispielsweise das Abwenden der Hilfe oder die Flucht aus der Situation. Beispiel hierfür wäre das Kämpfen einer Person, welches sich in der Zerstörung von Gegenständen zeigen könnte. Außerdem könnten sich eine Personen von der Bedrohung distanzieren, indem sie beispielsweise flieht. Weitere Bewältigungsstrategien wären das Suchen nach Alternativen zum Kämpfen und Fliehen um weiterem Stress vorzubeugen (Rusch, 2019, S. 67-68).

Emotionsbezogenes Coping

Beim Emotionsorientiertem Coping sollen negative Emotionen wie Wut, Ärger oder Angst reguliert werden, welche ebenso aktiv oder passiv umgesetzt werden können. Zum Beispiel kann aktiv eine emotionale Unterstützung wie der Drogenkonsum oder der Sport eingesetzt werden. Passive Regulation wäre beispielsweise Verleugnung aber auch das Denken an etwas Angenehmes. Beispiele sind unter anderem die Veränderung des Selbst durch Aktivität. Körperlich und kognitiv (Rusch, 2019, S. 68).

Durch das bewertungsorientierte Coping, welches einer Neubewertung der Situation gleichkommt, wird die Komplexität des transaktionellen Stressmodelles deutlich. Dies ist gleichzeitig eine Coping Strategie. Gemeint ist die kognitive Neubewertung des Verhältnisses zur Umwelt, um angemessen mit Situationen umzugehen. Dabei geht es darum Belastungen als Herausforderungen zu verstehen, um seine individuellen Ressourcen zu aktivieren und dann reagieren zu können. Gelingen kann dies dann, wenn Lösungsstrategien gefunden werden und alle Bewältigungsstrategien kombiniert werden. Situationen zu bewältigen kann dann zu einer Neubewertung führen und das Modell des Lernens aus der Erfahrung greift (Rusch, 2019, S. 69). Abschließend soll hierzu das transaktionale Stressmodell nach Lazarus und Folkman aufgezeigt werden (Semmer und Zapf, 2018, S. 29):

5 Das transaktionale Stressmodell nach Lazarus und Folkman in Semmer und Zapf, 2018, S. 29).

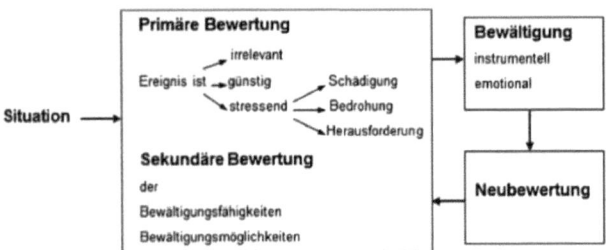

Coping-Ressourcen und Anwendungsbeispiel

Lazarus und Folkman beschreiben in ihrem Werk „Stress, Appraisal and Coping", dass Bewältigung über kognitive Beurteilung bestimmt wird und nicht nur die Person und die Umwelt wichtige Indikatoren dafür sind. Auch die Frage nach dem, was ein jemand dafür tut um Strategien für schwierige Lebensphasen zu entwickeln sind von Bedeutung. In diesem Zusammenhang stellt sich auch die Frage, inwieweit Ressourcen zur Verfügung stehen, wie beispielsweise Geld oder andere Personen. Da Lazarus und Folkman es für unmöglich halten alle Ressourcen, auf die Menschen während ihres Lebens zurückgreifen zu katalogisieren, definieren sie sechs Hauptkategorien von Coping-Ressourcen. Ihr Ziel dabei ist es, die Mehrdimensionalität der Bewältigungsressourcen und deren verschiedenen Abstraktionsebenen zu veranschaulichen. Die sechs Hauptkategorien lauten (Lazarus und Folkman, 1984, S. 157 ff):

1. Health and Energy,
2. Positiv beliefs,
3. Problem-solving skills,
4. Socila skills,

5. Socila support,

6. Material reccources.

Lazarus und Folkman ziehen ihren Unterschied auch darin, inwieweit Menschen direkten Einfluss oder weniger direkten Einfluss, wie beispielsweise bei den Finanzen und der Arbeit, haben. Den größten Unterschied sehen Lazarus und Folkman jedoch bei zwischenmenschlichen Beziehungen und die damit verbundenen Probleme die auftreten können. Zu diesem Zweck werden im Folgenden die sechs Hauptkategorien genauer beschrieben (Lazarus und Folkman, 1984, S. 157).

1. Gesundheit und Energie

Mit Problemen und schwierigen Lebensphasen umzugehen fällt den Menschen einfacher, wenn sie sich gesund fühlen und Energie haben um Probleme anzugehen. Stresssituationen sind somit leichter zu bewältigen. Die Energie dafür zu haben, Themen zu bearbeiten ist mehr gegeben, als dann wenn ein Mensch Müde oder krank ist. Beispielsweise kann durch integrierte sportliche Aktivität im Alltag die körperliche und psychische Gesundheit gefördert werden, um Aufgaben wie die bevorstehende Bachelorthesis entspannter anzugehen. Der Blick auf die große Aufgabe kann somit optimistischer angenommen werden (Lazarus und Folkman, 1984, S. 158).

2. Positive Glaubenssätze

Hierbei spielt auch die Selbstwirksamkeit einer Person eine zentrale Rolle. Sich selbst positiv zu sehen, kann auch eine sehr wichtige psychologische Ressource zur Bewältigung von anstehenden Problemen sein. Überzeugungen über Gerechtigkeit und Ungerechtigkeit, den freien Willen oder den Glauben an Gott beeinflussen unser Copingverhalten zusätzlich sowohl negativ als auch positiv. Zum Beispiel können sich Personen selbst bestärken die Bachelorthesis anzugehen, indem frühere Hausarbeiten, welche gut benotet wurden bedacht werden und der Wille, eine gute weitere Leistung zu bekommen (Lazarus und Folkman, 1984, S. 159).

3. Problemlösefähigkeit

Diese Ressource wird aus früheren Erfahrungen gezogen, aus angeeignetem Wissen oder durch die Fähigkeiten der Selbstkontrolle. Darunter wird verstanden inwieweit jemand die Fähigkeit besitzt Probleme mit Wissen und anderen Fertigkeiten zu lösen. Zum Beispiel wird diese Ressource benötigt um einen Reifen zu wechseln, was zuvor vielleicht noch niemals getan wurde. Aber auch eine Strategie für das Schreiben der Bachelorthesis kann damit beschrieben werden. Beispielsweise das Suchen bestimmter Informationen oder das Finden von Experten, um die Fragen zu klären (Lazarus und Folkman, 1984, S. 160).

4. Soziale Kompetenzen

Da soziale Anpassung bei der Ausübung einer sozialen Rolle eine wichtige Funktion hat, sind soziale Kompetenzen als Ressource für die Bewältigung von Problemen enorm wichtig. Hierzu gehört beispielsweise die Fähigkeit zur angemessenen sozialen Interaktion mit anderen Menschen. Außerdem ist die soziale Kompetenz eine wichtige Voraussetzung für Teamarbeit. Bei der Konfliktlösung von zwischenmenschlichen Problemen spielt diese Ressource daher eine wichtige Rolle (Lazarus und Folkman, 1984, S. 163).

5. Soziale Unterstützung

Für die Stressforschung und auch die Verhaltensmedizin sind Menschen im Umfeld, die einen auf emotionale, informative oder greifbare Weise unterstützen von großer Bedeutung. Für die Bewältigungsstrategien kann es einen großen Unterschied machen, ob weitere Personen unterstützend in der Nähe sind oder gar Dinge abnehmen. Bei der Bachelorthesis könnte dies auf emotionaler Ebene sein, oder aber zur Korrektur der Arbeit (Lazarus und Folkman, 1984, S. 164).

6. Materielle Ressourcen

Hierbei handelt es sich um Ressourcen wie Geld oder käuflich erworbene Dienstleistungen, aber auch um Immobilien. Offensichtlich erhöhen finanzielle Ressourcen die Bewältigungsmöglichkeiten bei fast jeder stressigen Situation erheblich. Dies könnte sein, wenn jemand seinen Arbeitsplatz verliert oder auf eine wichtige Operation wartet. In heutiger Zeit kann die Möglichkeit eine Therapie privat bezahlen zu können ebenso eine wichtige finanzielle Ressource darstellen. Bei der Erarbeitung der Bachelorthesis könnten Fahrtkosten eine wichtige Rolle spielen oder die Druckkosten der Bachelorthesis. Aber auch das Geld für Miete oder die Essenseinkäufe als vorhanden zu erleben, während die Bachelorthesis geschrieben werden muss, kann mehr als entlastend für die Person sein (Lazarus und Folkman, 1984, S. 164).

Lazarus und Folkman definieren Coping als eine sich ständig veränderbare kognitive Verhaltensänderung, um belastende Anforderungen zu bewältigen, die auch als Überschreitung der Ressource wahrgenommen werden kann. Ihre Definition ist dabei prozessorientiert, da die Person im Kontext steht und das, was diese denkt und tut, um die Anforderung zu bewältigen. Coping erfüllt nach Lazarus und Folkman zwei übergeordnete Funktionen: Änderung des Problems oder die Umwelt, die zum Problem führt und die Regulierung der emotionalen Reaktion auf das Problem. Anforderungen können somit mit effektiven Copingstrategien Verläufe ändern, die Menschen in kranke und unglückliche Lebensphasen bringen und gleichzeitig Fähigkeiten schulen, um diese zu bewältigen (Lazarus und Folkman, 1984, S. 178 ff).

Literaturverzeichnis

Asendorpf, J. (2019). *Persönlichkeit in Alltag, Wissenschaft und Praxis*. In: *Persönlichkeitspsychologie für Bachelor*. Springer Lehrbuchverlag: Berlin und Heidelberg.

Barysch, K. (2016). *Selbstwirksamkeit*. In: Frey, D. (eds). Psychologie der Werte. Springer Verlag: Berlin und Heidelberg.

Becker, B. (2014). *Studienbrief: Praxisfeld der Differentiellen und Persönlichkeitspsychologie*. SRH Fernhochschule: Riedlingen.

Becker, F. (2019). *Selbstwirksamkeit und Motivation*. In: Mitarbeiter wirksam motivieren. Springer Verlag: Berlin und Heidelberg.

Faltermaier, T. (2005). *Gesundheitspsychologie*. Kohlhammer Verlag: Stuttgart.

Fuchs, C. (2005). *Selbstwirksamkeit lernen im schulischen Kontext. Kennzeichnen-Bedingungen-Umsetzungsbeispiele*. Julius Klinkhardt Verlag: Bad Heilbronn.

Latocha, K. (2015). *Gesundheitsmanagement in Unternehmen*. In: *Verbesserung der psychischen Gesundheit am Arbeitsplatz*. Springer Verlag: Wiesbaden.

Lazarus, R.S.; Folkman, S. (1984). *Stress, appraisal and coping*. Baker und Taylor Verlag: New York.

Reif, J.A.M.; Spieß, E.; Stadler, P. (2018). *Stress verstehen*. In: Effektiver Umgang mit Stress. Die Wirtschaftspsychologie. Springer Verlag: Berlin und Heidelberg.

Rusch, S. (2019). *Was ist Stress?* In: Stressmanagement. Springer Verlag: Berlin und Heidelberg.

Semmer, N. K.; Zapf, D. (2018). *Theorien der Stressentstehung und Bewältigung.* In: Fuchs, R.; Gerber, M. (eds). Handbuch Stressregulation & Sport. Springer Reference Psychologie: Berlin und Heidelberg.

Staller, T.; Kirschke, C. (2019). *Persönlichkeit.* In: Die ID37 Persönlichkeitsanalyse. Springer Verlag: Berlin und Heidelberg.

Struhs-Wehr, K. (2017). *Betriebliches Gesundheitsmanagement und Führung.* Springer Verlag: Wiesbaden.

Vollmann, M.; Weber, H. (2011). *Gesundheitspsychologie. In: Psychologie. Eine Einführung in ihre Grundlagen und Anwendungsfelder.* Springer Verlag: Berlin und Heidelberg.

Wolf-Kühn, N.; Morfeld, M. (2016). *Chronische Krankheit, Behinderung und Gesundheit. In: Rehabilitationspsychologie. Basiswissen Psychologie.* Springer Verlag: Wiesbaden.